わが子に胎教

父親の子育て体験記

もとさか　まりょう　著

櫂歌書房《とうかしょぼう》

目　次

〈もくじ〉

第1章

目　次

第5章

第1章

「胎児は、聴いている。」

幼児教育に少し関わっていて、胎教をすると、情緒が豊かになると教わっていました。

奥さんの妊娠が分かってから、胎教の本を何冊か買ってきて読み漁りました。その内の1冊で、外人の女性の本で両親は、ごく普通で、女の子3人を育てました。女の子は3人とも天才児、0才、3才、6才、母親は、妊娠中にクラシックを聴いて、絵本を読んでいたそうです。これをやってみようと思い、次の日から実験です。どんなクラシックと絵本がいいのかわかりません。いろいろ調べると長く聴かれている有名なクラシック、長く読まれている絵本がいいみたいです。まず1週間分を揃

え、足りない分は、図書館で借りました。毎日帰って来たら、クラシックを聴いて、風呂、食事が終わって、寝る前にお腹に向かって、約三十センチから五十センチ巾で、約三十分から一時間毎日読みました。
最初の何か月間は、まったく反応がありません。それでも毎日、毎日、クラシックと絵本を読んでいました。反応するのは、胎児が動き出してからで、それでも反応が小さいので、分

かりづらいです。足でお腹を蹴るようになってから少しずつ、分かるようになります。クラシックを聴いているせいか、偶然か、蹴っている足でリズムを取っているようで、いつやり出すのか分かりませんが、車に乗っている時が多いように感じます。テレビを見ている時も時々あり、いつもトーントーントーンとリズムを取っています。その時は、偶然と思っていました。生まれてきて、ピアノを習い始めると、絶対音感を持っていました。それだけでもすばらしい才能です。

単純な音楽よりも、複雑な音楽の方が脳と体の発達には、いいんじゃないでしょうか。

次に、毎日お腹に向かって絵本を読み続けると、少しずつ変化が現われます。今までお腹の中で動いていた動きが止まり、聴いているようで、最初は偶然だと思っていました。

読んでいる間、胎児は動きを止めて、絵本の内容を聴いているように思えます。父親の声が近くで聴こえるのがいいみたいで、母親は胎児が動きを止めて、聴いて

いると言います。毎日ではありませんが、かなり多くなりました。胎児は、妊娠24週頃に外からの音が入って来ます。この時期が親の言うことを一番聴いている時期だと思います。1月17日、阪神大震災があった日は、母親が驚いたか、偶然か、逆子になる。それからいくら反対方向から呼んでも、元にはもどりませんでした。このごろから動きが止まって、胎児が大きくなりました。クラシックと絵本は、生まれるまで毎日続けました。この時期は、胎児とコミュニケーションが取れるぐらいが理想です。

「驚き」

３月　３１１５gで生まれました。感激です。保育器の中で、目を開けて見ているみたいです。一つ目の驚きは、頭の形が長丸で、多少歪んでいますが、クラシックや童謡を聴かせていると、頭の形が風船のように、丸くきれいになってゆく事です。二つ目は、子供が生まれる時は満潮の時、人が死ぬ時は干潮の時、人の生死に、月が関係している事です。三つめは、胎盤です。血液は通さないけれど、栄養や酸素を通し老廃物を排出するのか、不思議です。四つ目は、母乳です。子供の栄養だけではなく、母親のすべての免疫力を与えて、子供を病気から守っています。最高の送り物です。

「成長」

生まれたばかりの時は、母乳を与えている時に、クラシックと絵本を続けました。少し大きくなって、絵本を読み続けると、動きを止めて、じーと絵本を見ています。胎児の時と同じ感覚です。なかなか寝ない時もあり、1時間近く読んだこともありました。お風呂に入る時は、桃太郎や金太郎、日本昔話でしたがよく聴いていたと思います。

名前は姓名判断で、候補を6名ほど絞り、将来姓名判断された時に、嬉しくなるように10角と6角に決めました。オムツは布オムツを使い、サラサラする為にメッシュを入れました。夜は、三時間おきに起きる為に、親は寝不足で、洗濯も手洗いで大変です。昼間は、布オムツで、夜は紙オムツがいいみたいです。布オムツの利点は、オムツが取れるのが早いです。オムツを変える時、よくオシッコを顔にかけられ、本人はゲラゲラ笑っています。私が会社に行く時は、いつも、行かないでと泣いていて、とてもいとおしく思えました。７ヶ月の写真が、新聞に載って、夫婦で大喜び、寝がえりするだけで大喜び、ただの親バカです。それとうつ伏せ寝は、良くないみたいで、窒息事故が多いようです。

９ヶ月ぐらいから、習い事に行きましたが、中耳炎によくなりました。個人的な感想なのですが、習い事が原因かどうか分かりませんが、横になると耳がいたくて、泣き止みません。中耳炎は、鼓膜の中に、うみがたまるので、鼓膜を切開して、うみを出します。切った瞬間は、火がついたように泣き出します。片方４回、もう片方も４回切開しました。次は、チューブを入れないといけないと言われました。チューブを入れると、海で泳げません。お風呂も制限されます。人に聴いて、いい病院を探し、そこに行ってみると、いままでより強い薬をくれて、飲ませると、中耳炎が治っていました。あのまま、チューブを入れて生活していたら、海もお風呂も、制限されると思うと、ぞっとします。夜泣きもよくしていて、横に寝かすと、耳が痛くて寝れないようで、縦だきをし、私もすわった状態で寝ていたので私もヘロヘロでした。いい病院は、口こみがいいみたいです。

1年1ヶ月ぐらいで風邪をこじらせ、肺炎になり、即入院です。体重も減って、体も細くなり、点滴は、腕が細くて、足の血管から入れました。夜、添い寝するのが大変、ベットが小さくて、私は、寝返りも出来ず、ほとんど寝むれません。

保育園に行くにも知恵熱が出やすいので、一軒目は、途中で断られ、2軒目も断られ、三軒目の保育園が、熱があっても見てくれるようになり、とても感謝です。いまでは、りっぱな大きな保育園になっています。

絵本とクラシックと童謡は、毎日続けていました。寝るまで、読み続けていましたが、1時間たっても、寝ない時があります。そういう時は、車に乗せ、エンジンを掛ければ、車の振動で寝ます。

1才7ヶ月ぐらいになると、言葉と同時にもう数字を覚えていました。とにかく早かったですね。絵を書かせても、普通3才ぐらいで書くのを、書いていました。このころから頭が良かったように思えます。

「2人目誕生」

1歳ぐらいで、ハーちゃんを妊娠、こんどは、両サイドにおいて、毎日、クラシックと童謡と絵本を読んでいました。

音楽は、童謡が多かったように思えます。

1月末日、3562gの大きな赤ちゃんでしたね。名前も10角と6画です。

兄は、みんなハーちゃんをかわいがるので、やきもちをやきます。ハーちゃんは夜泣きもしないのでものすごく楽です。

オムツは、紙オムツでしたが、大きくなってもオムツはなかなか取れませんでした。

母乳はすごいですね、栄養と愛情と子供が、病気しない為の抗体を与えます。

子供が泣くとパンパンに張るみたいです。

ハーちゃんは、お父さんっ子で、いつも私から離れません。いつもひざの上にいます。どこに行くにも一緒、ゴミ捨ても一緒、遊ぶのも一緒、さかさにするのが大好きでしたね。肩車も好き、ホットケーキ（両腕でひっくり返す）が特に好き、おふとん遊びも特に好きでした。毎週、金曜日の8時から10時は、おふとん遊びの日でした。

部屋中にふとんを敷つめ、コタツはスベリ台、押入れからのスベリ台、天井からの毛布で間切り、走り回って遊びます。下の子供は、みんなにかわいがられ、兄は、やきもちばかり、赤ちゃん返りです。3才ぐらいになると、ハサミをもって、こっそり何かをやっています。すると前髪をばっさり切ってしまいました。おもわず爆笑です。みんなから笑われても本人は平気です。自分の○○○を畳の上にして、バナナバナナと言っています。そっくりのバナナです。ちゅうちゅう魔で、私の顔を見るとキスばかりして、しまいに、顔じゅうヨダレだらけです。泣き出したら、30分位、泣いています。頑固もんです。いやいや1時間ぐらいかな。

絵本は大好きで二人とも寝るまで見ていて、その内寝てしまいます。

自分の方からこの本読んでと持って来ます。ずーと続けると、大きくなっても本は好きでした。音楽を聴かせていたので、二人とも頭はまん丸で、顔もきれいに整っています。

兄はぶどうの事をぶぼう。妹はパーマ屋さんの事を、パー屋マさんと言っていました。

兄はやさしくて、保育園に行っても妹をかばっています。

大きくなっても妹をかばっています。やさしいお兄ちゃんです。

絵本と音楽は、小学生に上がるまで、兄は8年間、妹は6年間続けました。

「知能指数」

兄は小学校に入って、IQ検査があり、IQは１３０を超えており、あくまで目やすですが、東大の平均が120ですので、高い方だと思います。絶対音感もあり、スポーツもそこそこで、人に優しくて、才能豊かです。

小学校の高学年の時は、本を読むスピードも違います。私が1日かけても読めない本をパラパラめくるだけです。内容を聴くと、すらすらと全部答えます。

私の方が敗けたと思いました。うれしい敗北です。

小中学校は、成績も良く、親が勉強しろとか一度も、言ったことがありません。ある日、読みそうな本を買ってきて、机の上に置いておくと、すぐに読み終えていて、本ならなんでも読んでいたみたいです。

兄の大学受験の時は凄かったですね。私も国家試験の時は、1日最高12時間ぐらい、勉強をしていましたが、兄の場合、私以上に勉強をしていて、肩が凝って痛いと言っていました。私の場合、肩が凝るほど勉強をしたことがありません。うれしい2度目の敗北です。

「勉強の仕方」

授業中に黒板に書かれたことを、〝集中して覚えなさい〟と言ったら、「あたり前です」と返事が返って来ます。私が50年かけて分かったことが20歳前に分かっていたと思います。

ノートに書くのではなく、頭の中のノートに直接書いて、家に帰って寝る時に、今日のことを思い出せば、記憶に残ります。そのくり返しです。必要な時はノートに取る事です。社会人になっても、記憶に残す訓練は、必要だと思います。例えば、仕事、料理、遊びでも1回で覚える訓練が必要で、それは集中力だと思います。何がなんでも覚えてやろうとする集中力で、一瞬一瞬を真剣に生きる事だと思います。技術系に進む人は特に必要です。子供であれ、大人であれ伸びる人は、分からない事を質問する人だと思います。何で何でと思える人が、伸びていると思います。

自動車免許試験の勉強方法は、×の部分を全部消します。○の部分だけ覚えます。

半分の時間で正確に覚えられます。私も国家試験の4者択一も、○の部分だけ覚えました。時間短縮で正確です。全部を覚えようとすると、試験の時に迷います。迷ったら時間だけ過ぎて、頭が真っ白です。この問題は見た事があるので○、この問題は見た事ないので×をする方が正確です。正確に覚えているので、ひっかけ問題には特にいいみたいです。全部が全部ではありませんが、一つの要領です。時間が余ればほかの勉強が出来ます。

国家試験は、過去の問題をよく出します。過去5年間で約6割から7割出しているように思えます。まず去年の問題をし、採点を行います。全然出来なかった様に思えます。また、去年の問題をし、採点をします。半分ちかく出来た様です。次に2年前の問題をします。これは、全然出来なかった様に思えます。また、去年の問題をし、採点をします。満点近く出来た様です。次に2年前の問題をし、半分近く出来る様で、次に3年前の問題をし、採点をします。これも、全然出来なかった様です。また、去年の問題をし、採点をし、満点です。次に2年前の問題をし、採点、満点近く出来ます。次に3年前の問題をし、採点、半分近く出来ます。次に4年前の問題をし採点、全然出来ない様です。また去年の問題、満点です。2年前の問題も満点です。3年前の問題は、満点近く出来ます。4年前の問題は、半分近く。次に5年前の問題をし採点、全然出来ない様です。この5年間の問題を何回も何回もくり返します。問題を見ただけで答えが出る様になります。次に過去10年間の問題をくり返しくり返し行います。過去10年間で7割から8割出題されているようです。次に出題者の気持になって考えるのが大切ではないでしょうか。テレビに出ている鑑定士も本物だけを何回も何回も見て、記憶しているみたいです。一瞬で本物か偽物か見分けが付きます。

社会に出ても、本物を何回も何回も学ぶことが大切ではないでしょうか。人物でもそうです。歴史上の人物、人生の師、あこがれの人物、その人達に近づこう近づこうとすることが自分の成長に繋がるように思えます。

「欲しい物は買うな、必要な物だけを買いなさい」

小さい時のおもちゃは、単純で大切に遊べるものがいいと思います。例えば、お風呂で遊べるおもちゃで、1から8まで番号が打ってあるカップです。子供たちは、自分なりに工夫して、小学生まで、約12年間遊びました。20年以上たっても残っています。物を大切にするとは、こういうことではないでしょうか。ラジコンとかテレビゲームは、すぐに飽き、物を大切にはしません。必要な物を買いなさいと言うと、子供なりに考えて物を買います。欲しい物ばかり与えていると、感謝知らずになるようです。テレビゲームを与えるよりも、トランプとかカルタとかウノを家族で遊んだ方がいいと思います。それと人と比較しない事。だれでも人と比較されると嫌な事です。自分がしてほしくない事を相手にしない事だと思います。

また自分のしてほしい事は、まず相手にする事ではないでしょうか。

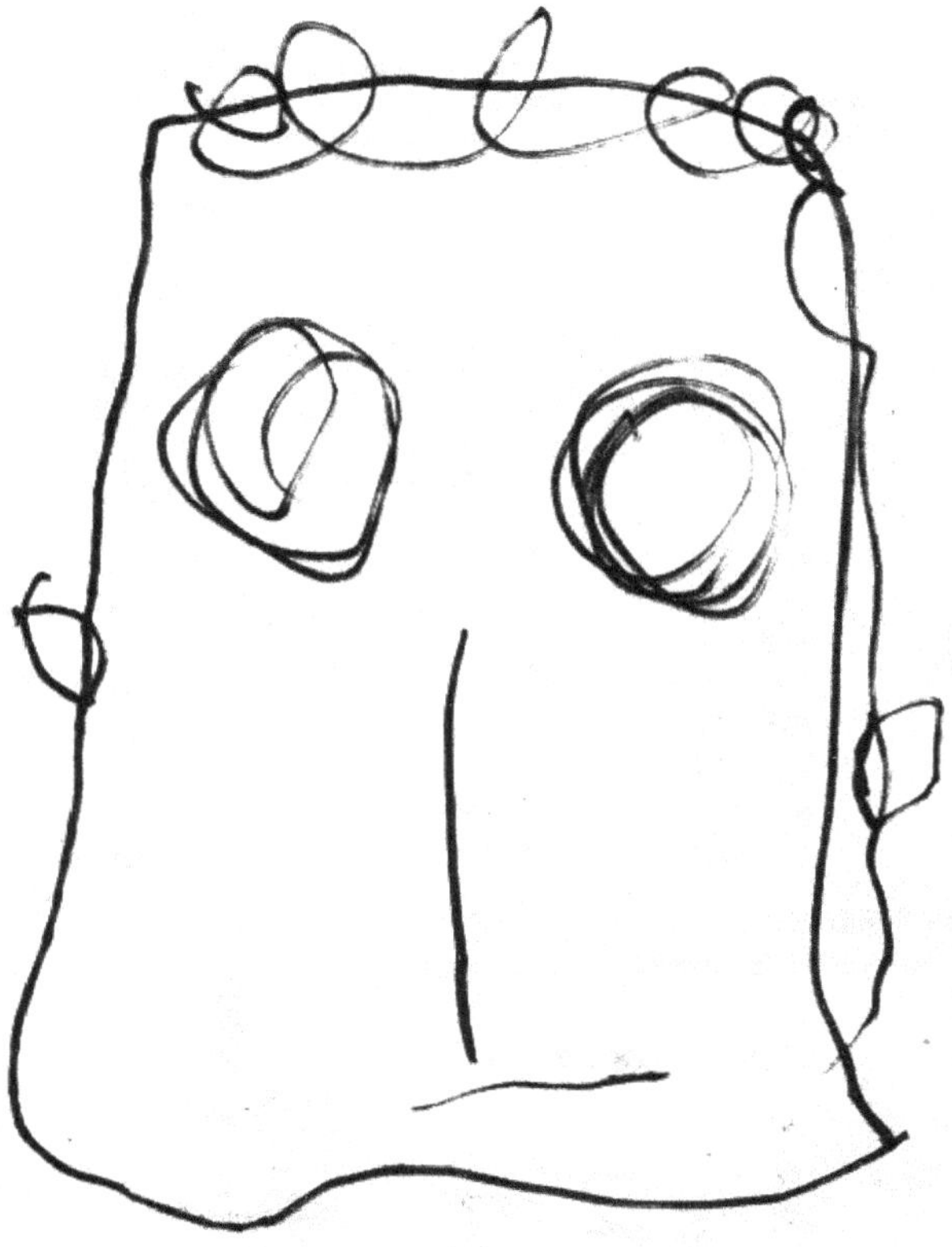

〈おとうさん〉 2歳1ヶ月

妊娠

胎児期

「臨界期」


人間にとって一番大切な脳みそは、妊娠2ヶ月で出来ます。

妊娠が分かった時には、胎児の脳みその形成は終わっています。

妊娠前からタバコと酒と薬は止めて、バランスの取れた栄養をしっかり取る事が大事です。


食育の最も重要な時期。妊婦は栄養に関心が高い時期なので、この時期は正しい食育を勉強しましょう。

この時期の栄養が、その子供の一生の健康を決めると言われています。

胎児の栄養が低いと、発育が遅れ出生体重は低下します。

胎児にとって「辛い言葉」を言うと、胎児の心音は上がります。本能的に分かるみたいです。気を付けましょう。

妊娠中、母親の心に不安があると、胎児の発育も遅れます。

クラシックを聴きながら、絵本を読むことを同時（デュアルタスク）にすることが大事です。

デュアルタスクにすることとよって、脳の血流が良くなります。血流が良くなることによって、栄養と酸素と温度と免疫を脳に与え活性化します。。

胎児とのコミュニケーションも大事にしてください。

胎児は、両親とコミュニケーションを取るだけでも嬉しいものなんです。

出生後は、情緒が豊かだったり、優しい子に育つと言われています。

〈２ケ月〉
・魚のようにエラや尾がある。・耳、鼻、口の形が整い始める。・「天使のリング」とよばれる卵黄嚢（栄養の袋）から栄養をもらう。・・・・・
脳や脊髄、心臓、胃、肝臓などが作られる。

〈3ヶ月〉
・胎児と呼ばれるようになる。・まぶたや鼻、唇、耳などが出来、人間らしい顔つきになる。・頭、胴、足がはっきりし、3頭身になる。・栄養や酸素を母親からもらい始める。・精巣、卵巣、外性器が出来始める。・胃や腎臓などの臓器も発達、血液循環が始まる。
〈4ヶ月〉
・骨格や内臓もほぼ完成。・手足を動かすようになる。・前月と比べると身長は2倍、体重は約5倍になる・指紋が出来てくる。・超音波検査の刺激でびっくりする様子。
〈5ヶ月〉
・4頭身になり、バランスのとれた体つきになる。・動きが活発になり、耳や鼻や口も完成。・心臓や肺の動きがますます活発になる。爪や髪の毛が生える。羊水の中で思う存分、体を動かしている。

〈6ヶ月〉

・羊水の量が増え、活発に動き回るようになる。・卵巣や性巣、下垂体や副腎などが活発に活動。・眉毛やまつ毛が生え始める。・聴覚が発達し、プールの中で聞こえるようなイメージで外の声が聞こえるようになる。

〈7ヶ月〉

・脳が発達して、体の動きを自分でコントロールできるようになる。・聴覚もますます発達し、視覚、味覚、臭覚も発達する。・顔立ちがはっきりしてくる。・お腹の中での位置が定まり始める。

〈8ヶ月〉

・聴覚や視覚が発達し、外の音や光に反応する。・生きていくのに最低限必要な機能がほぼ完成する。

呼吸の練習、である「呼吸様運動」が始まる。・頭の位置が定まってくる。

〈9ヶ月〉

子宮の中で動きにくくなるため向きを変えなくなる。肺機能が発達し、生まれても大丈夫になる。・顔に表情の変化が見られるようになる。・頭を下にして、体の位置がほぼ固定してくる。男の子は睾丸が下りてくる。

〈10ヶ月〉
・動きが小さく少なくなる為、胎動を感じなくなります。・生まれる準備万端。・内蔵器官がすべて完成する。病気に対する免疫をママからもらう。
〈出産〉

新生児の脳の神経細胞は、人生の中で最も多い時です。

人間の脳だけ未熟な状態で生まれます。他の動物は成熟または、一部未熟な状態で生まれます。動物の場合、成熟した状態で生まれ、生まれた後は、本能のままです。

人間の場合、産道が狭いため、成熟した状態では、頭が大きくて出られません。その為に頭を小さて、未熟な状態で生みます。産んだ後に未熟な脳を成熟させて、頭を大きくします。

未熟な状態から成熟するまでが最も大事で、いろいろな経験をさせて、脳に記憶させる事が大事です。

一度も使われなっかた脳の神経細胞は、一生必要ないと判断され、臨界期を過ぎた時点から消滅していきます。

目の臨界期は生後3か月から2歳ごろまでです。生後一か月半ぐいでは、目を開けていろいろなところを見ていますが、目の視点が合わないようで、一生懸命視点を合わせているみたいです。

生後2ヶ月ぐらいから視点が合っていろいろな所を見ているみたいです。

両眼の網膜からの信号が、バランス良く大脳に伝わる事が大事な時期だと考えられます。物を見せる時は、バランスを考えた方がいいと思います。この時期は眼帯など1週間以上かけると弱視に成る可能性があります。

生後6か月で脳の神経細胞は、急激に減少します。

神経回路を上手く作れなかった為と考えられます。

最も大切な時期は、生後3ヶ月～6ヶ月までではないかと考えられます。

この時期に適切な経験が必要で、。五感を同時（デュアルタスク）に刺激する事が大事だと思われます。

子供が喜ぶ事が一番大切ではないでしょうか。

第２章

「特に大事な生まれてからの６ヶ月間」

生まれてから１ヶ月半は、あまり変化がないように思えます。子供の風呂の入れ方、親の片手の親指と小指で後ろから両耳を塞ぎ、体の前にタオルを掛けて、湯舟に入れて洗います。お風呂上がりは、さ湯を飲ませると気持ち良さそうにしています。時々なんで泣くのか分からない時があります。母乳を与えても、おむつを変えても泣き止みません。

手足だけ動かして、寝返り出来ない為、、背中が熱くて泣いている時があります。背中に風を与えたり肌着を変えたりすると泣き止む事があります。それと車に乗せると振動で寝る事があり、足裏マッサージで寝る時もあります。写真を取る時には、ストローで鼻の所に風を与えると笑顔に成り、その時がシャッターチャンスです。

1ヶ月半後

4／21　風呂上がりにさ湯を飲ませるとうれしそうです。
泣いてばかりの時は、だっこしたら泣き止みます。
謡曲を聴きながら寝ています。

4／23　1日中寝ています。

4／28　母乳を飲むとご機嫌です。手足を少しづつ動かしています。

5／4　車の中は寝ています。エンジンが止まると泣き出します。

5／5　帽子をかぶるのが嫌みたいです。横寝をした頭はまだでこぼこです。
動く物をじーと見るようになる。

5／6　あーうーあーうーしか言いません。

5／7　手足バタバタ、あーうーあーうー。

5／8　少し笑うようになる。お風呂大好き。

5／9　しゃっくりが止まらない。手足バタバタ。寝顔で笑っています。

リンゴジュースを与えると笑っています。

5／10　音楽を聴かせるとじーと聴いています。手足バタバタさせています。

5／11　日光浴、暖かくて気持ちよさそうです。

5／13　動く物に興味があるみたいです。

5／15　・・・・・・・・・・・・・・・・・・・・・・・

紐を握るようになり、ずーと引っ張っています。

・・・・・・・・・・・・・・・・・・・・・・・

1時間ぐらいしています。２回放して、２回持って音を鳴らします。

3回目も紐を持ちました。４回目も紐を持って音を鳴らしています。

天才と喜んでいる親バカです。

5／20　平らなふとんにうつ伏寝、目が離せません。

メロンを舐めさせると喜びます。カメラ目線です。

5／22　動く物をじーと見ています・・・・・・・・・・。
メロンを舐めさせる時は親の顔をじーと見ています。
何かをしゃべっているようです。

5／24　泣きっぱなしです。

5／25　うつ伏寝。

5／26　カメラ目線。

5／27　ずーと手足をバタバタ、ぞうさんの歌を歌うと、手足をバタバタ。
歌といっしょに声を出しています。
・・・・・・・・・・・・歌っているみたいにずーとずーと声を出しています・・・・・・・・・・・・。

6／1　カメラ目線でよくしゃべるようになる。

6／6　手足バタバタずーと動かしていて、そのまま寝る。

6／7　おもちゃを手に持って遊ぶようになる。

6／8　笑うようになってきた。頭も丸くなって、いつもカメラ目線。

6/9
カメラが近づくと笑うようになる。指しゃぶりを始める。
ガラガラおもちゃを鳴らすようになり、物を持つようになる。
いつも左手だけで持っています。

6/11
新しい相手の顔をじーと見ています。

6/12
親が歌を歌うと子供もいっしょになって声を出します。
あーうーぐーあーうーぐーと声を出すようになります。
歌えば歌う程、ずーと声を出します。笑って手足をバタバタさせています。
〔同時にすることが大事です。〕うつ伏寝をさせますが目を離せません。

6/13
何かしゃべっています。ずーとしゃべっています。
おでこもだいぶ出はじめました。

6/14
うつ伏寝もうまくなっています。動く物をずーと見て声を出します。
歌うと喜ぶようです。風車だけで喜んで声を出します。
何でも口に入れるようです。何でもしゃぶりたがります。

6/16
動く物をじーと見るようです。手に持ったすずをずーと持ったままです。
カルタを見せて喜んでいるとずーと見て手足をバタバタさせています。
〔知的好奇心は宝物です。〕

6/17
手で紐を引張ると音（鈴）が鳴るようにすると、自分で握ってずーと鳴らしています。音の鳴る方をずーと見ていて、30分は音を鳴らしています。
おもちゃは舌で確かめているようです。
カメラが近づいてもおもちゃで遊んでいます。
・・・・・・・・・一人で1時間は遊んでいます。ずーとずーと鈴の鳴る方を見ています。
声を出します。音の鳴る方をずーと見ています。ただずーと見ています。

音が鳴ると喜ぶ喜ぶ。

歌を歌うと喜んで声を発して、体全体で喜びを表わします。

自分で声を出して歌っているようです。激しく動くし、笑顔になるし、喜んで手足をバタバタしています。〔同時が大事。〕

6/18 構うと泣き止む、1人にすると泣いてばかり、ずーと泣いています。
6/19 他の子供の顔をじーと見ています。
6/21 おっぱいの後、背中をトントンし、ゲップを出します。
顔も頭もまん丸です。
6/22 顔を近づけるだけで笑っています。よく笑っています。
3ヶ月で出べソが引込む。
6/25 よく笑うようになる。カメラ目線。
絵本を読むと声を出してじーと見ています。声もずーと出します。
じーと見ています。あーうーあーうーとずーと声を出しています。
・・・・・・・・・・
6/27 風車を近づけるだけで大喜び、声を出して笑っています。
声を出し手足バタバタで大喜び、風車が回るだけでずーと声を出しています。
〔同時が大事です。〕
6/28 手遊びをするようになる。動く物に目がいくようになる。

6／29　紙風船をじーと見て、音の鳴る方をじーと見ています。

6／30　足を上げてやると喜び、歌を歌うとぐるーぐるーと声を出しています。
声を掛けてやるとずーと聴いていて、何かをしゃべっています。
また、熱を出して、泣いています。

7／1　うさぎのぬいぐるみをずーと舐ています。指をくわえるようになる。

7／2　おっぱいをあげて、ゲップを出させようと背中をトントンしますが、
そのまま寝てしまう。

7／3　うつ伏寝をしても首が上がるようになる。

7／5　機嫌が良く笑っています。

7／8　ずーと泣き続けます。だっこすると泣き止みます。手足だけ動かして、
寝返り出来ないので背中が熱いのかもしれません。

7／10　動くものカーテンと洗濯物をずーと見ています。
今日は扇風機の風をを当てているのであまり泣きません。

うつ伏寝は目が離せません。目を離すと危険です。起きている間はずーとしゃべっていて、とにかく動く物をじーと見ています。もしかしたら写真みたいに脳に記憶させ、脳の神経回路が繋がっているのかもしれません。「第一回目のポイント」だと思います。
大きくなっても目で見たものを憶えています。

7/11　ずーとおしゃべりをしています。あーうーあーうあーうよく笑います。
ビニールのおもちゃを自分でつかんでずーと舐めています。
あーうーあーうーぐーぐー何かしゃべっています。

7/14　カメラを近づけると笑顔。

7/16　顔を近づけると笑顔。

7/17　よく笑っています。

7/18　ビニール袋に夢中です。寝返りがもう少しです。片手がぬけません。
あばれたらそのまま寝るようです。

7/19 ひとりでおしゃべりをずーとしています。寝入ってからも笑っています。
夢でも見ているのかな。

7/20 顔も頭も丸くなっています。コチョコチョをすると笑うようになりました。

7/22 笑いかけると笑うようになります。離乳食を食べるようになりました。
約6ヶ月で離乳食を始めて良いと思います。

7/24 よく笑うようになりました。

7/26 メロンジュース口からはずれた時に泣き出します。

7/27 寝返りしているけれど、出来ません。

8/2 手にもって、ビニール袋で遊んでいます。

8/5 うつ伏寝がだいぶ出来るようになり、あーうーあーうーと声を出しています。

8/6 手足をずーと動かしていて、何かをしゃべっています。
よく笑うようになり、動く物をじーと見ています。

8/7
ひざの上に乗せて、ゆらすと声を出して笑います。
はじめての笑い声で、上下にゆらすとよけいに笑います。
はじめての川遊び、川に足を付けろうとすると嫌がります。

8/10
体をこちょぐると笑います。

8/13
ぶーぶーと声を出し、ずーとやっています。

8/14
動く物を見て声を出し、手足をバタバタさせています。同時です。
人の顔をにらむようにじーと見ます。
音楽が鳴ると手足をバタバタとても喜びます。音楽が鳴ると全然違います。

8/17
カメラ目線でビデオばかり見ています。

8/18
体をこちょぐると笑っています。

8/23
カーテンが動くたびに喜んでいます。バナナを舐めはじめました。

8/24
今日はすわっています。自分ではささえられません。
自分でボールをつかんで遊びます。扇風機を見て喜んでいます。

動く物が気になります。ゼリーをよく食べます。
動くうちわを見て、手足をバタバタさせて、大喜びです。同時です。

8/26　みかんを他の子供に取られると泣いています。

9/5　うつ伏寝で両手で体をささえます。動く物と音楽に特に反応します。
〔同時です。〕

9/12　鹿のおもちゃを動かすと声を出して手足をバタバタさせて喜びます。

9/14　うつ伏寝両手で良くささえます。

9/16　がこうそう、口の中の病気です。よく笑っています。近づくと笑います。

9/18　おんぶされて喜んでいます。
タオルケットを動かして顔にかけると大きい声を出して喜びます。

9/20　名前を呼ばれたらこちらを向きます。イナイイナイバーで喜びます。
絵本を読むと手足をバタバタさせてじーと聴いています。読んでいる間ずーと手足をバタバタさせています。激しく手足をバタバタさせています。

9／21 ビデオが来ても絵本を見ています。声を出すたびに手足をバタバタ、すごく動かしています。〔同時です。〕

9／23 歌を歌うとじーと聴いています。腰をもむともだえます。

9／24 電子オルガンが鳴ると自分でオルガンをたたきます。

風船で遊んで、動く物をずーと見ています。

スープを良く飲むようになります。離乳食はなんでも食べるので、いろんな種類を与えるといいみたいです。味覚には大事な時期かもしれません。

9／25 風船が動くのを喜んでいます。

10／1 歯がためビスケットを食べています。うちわが動くと声を出して笑います。

ずーと声を出して笑っています。

10／2 寝顔を見ていると時々笑っています。

10／3 ぶぶぶばばと声を出すだけで大笑いです。

パースケピーピラパラピーだけで大笑いです。

10／6　顔も頭もまん丸になりました。この半年で良く反応するのは、音楽を聴かせた時と絵本を読んだ時と、動く物を見た時です。

10／8　七ヶ月　能古の島まで船に乗る。初めての船、にらみながらじ～と海を見ている。
島に着くと花をじ～と見てります。人の顔もにらむようにじ～と見ています。

10／9　イナイナイバーで良く笑います。動く物で反応します。
良く笑って手足をバタバタさせて、おもちゃで夢中で遊んでいます。

10／11　何か一独り言をずーと言ってます。ハイハイは後ろに下がります。
名前を呼べばこっちを向きます。

10／12　声を発しています。ず～と発しています。大きな声で叫んでいます。
手足はず～とバタバタさせています。〔同時が大事です。〕離乳食は何でも食べます。

10／13　大きな声を発しています。手足をバタバタさせて吠えています。〔同時が大事です〕。

10／16　ひもを持って電気を付けたり消したりしています。

10／17　前日と同じで、ひもを持って電気を付けたり消したりしています。

10／18　ハイハイで前に行きます。

10／27　カーテンと太陽の光で遊んでいます。ラップを舐めては外し、またラップを持って舐めています。

11／9　八ヶ月　カルタに書いた絵を見せるとじ〜と見ています。ハイハイして前に進むようになる。何かず〜としゃべっています。

11／13　習い事に行く。

11／14　コンセントを外します。ハイハイが早く進むようになる。何でも遊びものになる。

11／16　英語の歌を聴かせました

11／17　おもちゃを見つけては、口の中に入れようとする。
11／26　バルーンを見に行く。興味津々です。
11／27　絵本をず～と見ています。つかまりたちが出来て、大分移動出来るようになる。名前を呼ぶと振り向くようになる。
12／1　九ヶ月　ハイハイが早くなり、おもちゃを捕まえるようになる。
12／6　鏡の中の自分を見つけて、口で舐めて確かめているようです。
12／7　鏡に興味があり大好きです。鏡に向かって何か喋っています。「おいで」と言うとこっちに向かってきます。言葉の意味が分かるみたいです。
12／8　夜中の一時ごろまで遊んでいます。
12／11　親の所に近づいて来ます。歯が2本生えています。「あいうえお」を言うとず～と聞いています。
12／13　離乳食のカボチャを手で食べています。上手く食べられないみたいです。
（離乳食は、手作りと市販のベビーフーズを、主食、主菜、副菜と和洋

中をいろいろなバリエーションを使って、バランス良く食べるのがいいように思えます。｝

おもちゃの車で遊べるようになる。自分で音を出して喜びます。何でもおもちゃにして遊びます。注射を打ってからはず～と泣いています。

12/14　他の子供のおもちゃを欲しがります。イナイナイバーで喜びます。

3/15　一歳　歯ブラシは分かるようです。スヌーピーも分かるようです。人まねをするようになる。

3/18　ティッシュの箱の中にボールを入れて遊びます。箱の中に何でも入れようとする。入れたボールを手で出そうとしますが、ボールを握っているので出ません。飽きずにず～とやっています。中耳炎で耳が痛そうです。

3/20　座って笑っています。歩けるようになり、噛むようになる。ワンワンが言えるようになる。

3/21　木で作った動物のおもちゃを同じ型の穴に入れています。同じ大きさしか穴に入りません。ず～とやっています。〔数学の能力の臨界期までに必要な遊びだと思います。〕

4/7　一歳一ヶ月　風邪をこじらせて、肺炎で入院です。

4/12　よちよち歩きができます。車に乗るおもちゃが好きでず～と遊んでいます。バイバイが出来るようになる。

4/13　親の言う事が分かるようです。

4/14　ボールで遊びます。何か喋っています。

4/17　食べながら寝ています。

4/19　歯磨きの練習です。

4/23　どこへでも歩いていきます。

5/3　一歳二ヶ月　鯉のぼり。早歩きが出来る。何か喋っています。

5/5　子供の日、肩車が好きです。

5/8　動くおもちゃと一緒に遊んでいます。公園デビューです。滑り台でも怖そうです。

5／19　どこえでも歩いて行きます。外は紙おむつです。砂遊びが大好きです。つかんでは放し、つかんでは放しを繰り返します。〔数学の臨界期までは必要な遊びです。〕

5／20　風船で遊ぶ。

5／22　お買い物をして遊んでいます。何か喋っています。

5／26　音楽が鳴ると踊ります。自分でイナイないバーをします。

5／29　何でも舐めます。

5／30　ご飯を食べながら寝ます。

5／31　携帯電話で「もしもし」をしています。

6／26　一歳三ヶ月　手品で遊びます。

7／16　一歳四ヶ月　走り回っています。

7／19　音楽（童謡）聴きながら遊んでいます。英語の歌を聴いていています。

〔同時が大事です。言語の臨界期は九歳までです。〕

7／31　「バイバイ」「おとうさん」がだいぶ喋れるようになる。ぞうさんの歌を歌っています。

8／7　一歳五ヶ月　歌に合わせて踊っています。

8／10　プールで遊ぶ、お兄ちゃんとお姉ちゃんと仲良く遊んでいます。カーテンでイナイないバーをしています。前日ボーリングに行ったので、今日は電池を立てて、ゴルフボールでボーリングです。

8／12　かき氷を食べています。鈴を鳴らして遊びます。

8／13　梅干しを食べましたが吐き出します。酸っぱい顔をします。

8／14　初めてのブランコ、座ってと言うとすわります。手を合わせてと言うと手を合わせます。親の通りにできます。線香の付け方が分かっています。家で作ったうれすぎのスイカをよく食べますスイカ大好きです。この頃はパンツをはいてます。

8／17　プールで遊びます。音楽を聴きながら手をたたきます。音楽が鳴るとリズムを取ります。次の曲もリズムをとります。体をゆすって手をたたいています。ボタンのどれを押せば音が鳴るか分かるみたいです。「鳴らして」と言うとボタンを押して、手拍子をします。〔デュアルタスクが大事です。〕

8／21　歯が生えてよく噛みます、私が寝ている間に大事な所を噛みつき、飛び上がって起きます。ブーが出来ます。音楽が鳴ると踊ります。体を使って踊ります。屈伸運動で踊ります。とにかく良く踊ります。〔同時が大事です。〕

8／27　手拍子をしながら音楽に合わせます。音楽が変わるたびに手たたきます。

8／31　夜は紙おむつをしています。

9／1　一歳六ヶ月　　風船を膨らませます。音楽はずっと鳴っています。

9／8　鳩においでおいでをします。初めての滑り台、初めてのぶらんこ、走れるようになる。

9/15 万歳が出来ます。電池の名前が分かります。ボーリングのように玉を投げます。

9/21 音楽を聴きながら積み木遊びです。積み木を上手く真ん中にのせます。十段まで出来ます。

{数学の能力の臨界期は、4歳までです。特に音楽を聴きながら積み木をするのが大事で、デュアルタスクです。}

{同時にする事によって、脳の血流が良くなり、栄養と酸素を運び活性化されます}

{小学生になり掛け算をしますが、他の人とは違うやり方で、積み木を重ねるやり方で、足し算をします。それがとても早く正確に出来ていました。立体的に数学をしていたようです}

9/27 線香花火が言えるようになる。裸足で石の上でも平気です。ブドウをむいて食べます。虫にブドウを「どうぞ、どうぞ」とやっています。

上手に石鹸で手を洗います。

10／3　一歳七ヶ月　動物園に行き象さんをじ～と見ています

10／12　お布団遊び、ジャンプで大喜び。

10／27　焼肉パーティーで、一つ年上のお姉ちゃんから、食べさせもらっています。

10／30　お布団遊びをしながら一から十が言えます。ジャンプしながら数字遊びをしています。〔デュアルタスクがいいと思います。〕質問小僧です。動物の絵を見てこれなーにとよく尋ねます。

11／3　一歳八ヶ月　「種落ちた」と言葉がだいぶ言えます。

11／10　踊りながら音楽を聞いています。

11／11　落書きをしています。丸がつながっています。凄いことらし。普通三歳ぐらいで書けるみたいです。

11／16　名字だけ言えます。

11／17　眠りながらご飯を食べています。

11/23　バルーンを見に行く、バルーンに興奮しています。
11/28　絵本を読んでもらう時はじ~と見ています。海苔ばかり食べたいます。あだ名は海苔男君です。
1/1　一歳十ヶ月　走り回っています。動物の積み木を入れて遊びます。鍵で穴に入れて開けようとしています。
1/5　ミシンのかけ方を教わっています。
1/12　凧揚げをじ~と見ています。三輪車に乗っていますが、まだまだ乗れません。裸足で歩いています。
1/17　エッサエッサホイサを踊っています。お尻を振って踊ります。「やっとこ、やっとこ」「おもちゃのラッパ」です。

生まれた時が最も脳の神経細が多い時です。半年で神経回路が出来なかった時に、ほとんどの神経細胞が死滅します。この時期が一番大切な時期で、次に2才、3才と続きます。

個人差があると思います。寝返り出来た時なのか、つかまり立ちが出来た時なのかわかりません。子供が反応した時が大切な時期なのかもしれません。それと同時（デュアルタスク）にすると脳の血流が良くなって、栄養と酸素を脳に与え、活性化することによって、神経回路が出来るのかもしれません。

第3章

「都市計画」

都市計画で、大切な事は水と空気です。人間や動物が飲む水、人間が食べる魚介類は水が大切です。そして、森の恵を海に運ぶ川が大切です。川がきれいになれば、海もきれいに成ります。川をきれいにするためには、人間が流す家庭排水を綺麗にすることで、綺麗にするためには、下水道、浄化槽を100%にする必要がありまず。工場排水はもってのほかです。魚介類を安心して食べられる都市が大切ではないでしょうか。そして子供たちが泳げる川を造ることが大切で、綺麗な空、綺麗な海が必要です。人間で言う所の血液と血管です。そして人間の体を基本に造る事が大切ではないでしょうか。つきつめて考えると地球のバランスを考える事で、人間も動物も植物も、すべて地球に生かされているのではないでしょうか。都市の中心地に、国の行政機関があって、廻りに商業地があって、中心地を離れると住宅街があり、田園があり、山があり、綺麗な海と川が必要です。それに交通です。東京の山の手線を地方に持ってくると地域活性化に成り、将来的には絶対必要です。今の土地の安い時にやった方がいいと思います。それと建ペイ率５％、容積率10％、上げてはどうでしょう。木造三階建て、ホームエレベーター付を主要にしてはどうでしょうか。都市計画法、農地法、その他の法律を少しずつ緩和した方がいいのではないでしょうか。まだまだ変える所が沢山あります。

「むちの原理」

スポーツの要領は、むちの原理ではないでしょうか。例えば、むちで物を強く叩く場合、力まかせに振っても強く叩けません。軽く振って当たる瞬間に、指先に力を入れると、むちがしなって強い力で物が叩けます。力まかせに振ると正確に当たらないし、力も入りません。競馬の場合、軽く振って当たる瞬間に力を入れ、その力が馬に伝わるようです。

ボーリングの場合、投げる瞬間に力を入れるとボールが縦回転なり横回転をします。回転したボールは、ピンを弾きます。無回転のボールはピンを弾きません。ゴルフの場合、軽く振って当たる瞬間に指に力を入れると、シャフトがしなって強い力がボールに伝わって、ボールに回転が加わり、一段二段と伸びていきます。

野球のピッチャーの場合、力まかせの１５０kmは棒球です。軽く投げてボールを放す瞬間、指先に力を入れると、ボールに回転が加わり伸びます。初速と終速が変わりません。一番打ちにくい球です。スライダーもカットもシュートもどうやったら回転が加わるかだと思います。バッターの場合も一緒です。軽く振ることです。軽く振って当たる瞬間、小指に力を入れるとバットと腕がしなって、力強い打球が飛びます。力まかせは正確に振れません。付け加えると呼吸法も大切です。息を吐くと血管がふくらみます。逆に息を吸うと血管が縮みます。血管がふくらんだ方が力が入り、力強い打球が飛び出します。剣道でいう所の間合いです。息を吐く時に攻めます。息を吸う時に力が弱まります。そこで、相手の吸う時を狙って打ちこみます。そのタイミングから外れると「間抜け」という言葉が生まれたみたいです。

ビリヤードの話をします。ボールでボールを当てる場合、ボールの中心を突くとボールが当たった所で止まります。ボールの中心より上を突くと、回転がついて当たったボールと一緒に前に進みます。ボールの中心より下を突くと逆回転が掛かっているので、当たった所より手前にボールが返って来ます。ゴルフも野球も一緒です。ナックルは縦回転、フォークは無回転、直球は逆回転、シュートとカーブは横回転です。

ボクシングの場合は、パンチが相手に当たる瞬間、腕を内側に捻るとダメージを与えられ、コークスクリューブローと言います。回転を与えるとダメージが大きく、普通のパンチでは効きません。パンチも相手の急所を狙わないと効きませんし、人間の急所だけは、どんなに鍛えても、鍛えられません。あとは動体視力です。相手のパンチをギリギリで交わすと相手は目の前にいます。そしてすぐ反撃出来ます。すもうの場合は足先です。自分より大きい相手とぶつかる場合、まともに当たっていたのでは、ふっとばされます。大きい相手とぶつかる瞬間、足の指で砂を握る感じで「砂をかむ」といいます。そうすると根が生えたように相手の力を抑える事が出来ます。

陸上の場合、足が地上を離れる瞬間力を入れると加速が付きます。同じ足の回数でも、歩幅が全然違います。走るのではなく、土を蹴る感覚です。

音楽の場合でも、楽器を弾くのではなく、楽器に当たる瞬間に力を入れて、楽器を叩く感覚です。

水泳の場合も同じです。軽く泳いで水をかく瞬間に力を入れると加速が付来ます。テニス、卓球、バトミントン、サッカー、すべて同じで、当たる瞬間です。もう1つはゾーンを掴めるかどうかです。ゾーンに入るとボールが止まって見えます。

ゾーンとは集中力だと思います。廻りの声は聴こえません。すべては、むちの原理であり、ゾーンであり、バランスであり、運動能力の最も大切なのは、子供の臨界期に脳に適当な刺激を与えることだと思います。

「自分の能力を出す方法」

本番では、実力の半分しか出せません。倍の練習が必要です。人の倍の努力をすれば100％近くの力は出せるように思えます。その練習の中で、自分なりのコツを見つけることが大切です。

すべての子供たちに願うのは、世界一を目指してほしい事です。スポーツ、研究、音楽、その他すべてのもののトッププレヤーの物まねから始めて下さい。あこがれの人を目指すことによって、心と体の成長があるように思えます。棒ほど振って針ほど叶うと言います。世界一を目指せば、日本一になれるかもしれません。次に世界に出て世界一を目指してほしいです。

「親孝行」

親が自分の子供を自慢することではないでしょうか。みんなに言いふらす。これほど楽しい事はありません。

「親不孝」

親より先に子供が死ぬことではないでしょうか。

「日本人と外国人との違い」

「恥」と「敬」が大きく違うように思えます。悪い事を恥だと思い、一家の恥だと考え、悪い事をしないように家族全体で考え、もし子供が悪い事をした場合、家族全体の責任に成ります。「敬」、人を敬う気持ち、親や年上に対して敬う気持ちを大切にしています。

「からすの撃退法」

からすは頭がいいから、頭のいいのを利用します。からすが１番恐れるのは、自分の羽根を痛めることです。羽根を少しでも痛めると飛べないし、食べ物を取れません。食べ物を取れないと死に直結します。まず食べ物を見つけるとはねて近づきます。そして食べ物をつつきます。そこで、近づいた時に白いひもが、羽根の高さにあると、羽根を傷つける為にからすは寄って来ません。何回が実験をしたのですが、ごみ袋の廻りにひもを高さ30cm。ゴミ袋から30cmの所に、ナイロンのひもを三角形につなぐと、恐くて近寄ってきません。

「ゴキブリの撃退法」

新築時は、防蟻処理をしていますので、約5年間は薬を嫌って、外から入って来ません。引越時の家具にいるやつが問題で、冬はじっとしています。暖かくなると活発になるので、活発になる前の時期、冬から春の時期にほうさんダンゴを、ゴキブリの通りそうな所に、たくさん置くと一年間通して少ないように思えます。外から入ってくる時は、網戸のすきまから入ってくるようです。部屋内から見て右側に網戸を寄せると、すきまがなくなるので、ゴキブリも虫も入りづらいと思います。

蚊の撃退法は、水溜りにオリーブオイルをたらします。水の表面に膜を張り、ボウフラの呼吸が出来ないようにします。蚊も卵を生めないので近よって来ません。オリーブオイルは、人間の体にいいみたいなので、害は少ないように思えます。雨水枡の蓋のすきまから雨水桝の水たまりに卵を生むので、蚊が多く発生します。雨が降ると川に流されますが、残ったやつと新しい卵が、晴れた日が続くと、ボウフラから蚊になります。そこで、雨水桝の蓋のすきまに、サッシ用の網を掛け、蚊が水たまりに卵を生まないようにするといいみたいです。

第4章

「天地自然の法則」

すべてはバランスだと思います。地球自体がそうで、光があれば影があります。昼があれば夜があり、天があれば地もあり、陽があれば陰があり、善があれば悪がありあります。これが天地自然の法則ではないでしょうか。考え方が片よらない事が大事で、たとえば、自由です。自由だけに片よらない、自由には責任が伴います。責任が取れる範囲で自由があります。権利にしても義務が伴います。権利を主張する前に義務を果たすことが、大切ではないでしょうか。義務先行、責任先行だと思います。バランスも半々ではないと思います。人間の体が酸性とアルカリ性の半々でなく、弱アルカリ性になっているように、多少差があると思います。

自然界は、微妙なバランスで、良い菌と悪い菌で成り立っています。人間はそういう菌を体に入れることによって、菌に対する抗体を作って、体を強くしています。バイ菌だから何でもかんでも殺すというのは、人間の体も弱くしているのではないでしょうか。腸内細菌も微妙なバランスで成り立っていて、バランスを崩すと病気に成ります。食事も今日は肉類、明日は魚類といろいろなものをバランスよく取り、腹八分がダイエットにも良いように思えます。西洋医学と東洋医学も、両方のバランスが大切ではないでしょうか。人を好きになるのも顔だけで選んではいけないと思います。顔と思いやりのバランスの整った人がいいように思えます。次にお金について話したいと思います。お金は大切で、お金がないと生活出来ません。お金があればいい暮らしが出来ます。ただ、それ以上に心が大切で、お金と心のバランスが大切ではないでしょうか。

日々暮らしていくためには、相手を否定するのではなく、共存共栄が大切ではないでしょうか。

※参考資料　脳の可朔性と記憶　塚原仲晃

「仮説」

人間の脳は、未熟な状態で生まれます。その後に適当な刺激が大切になります。また、脳の神経回路の形成にも、適当な刺激が必要です。脳の神経細胞は、新生児で最も高く、6ヶ月で急激に減り、一～二歳以降はほとんど変化しません。

生後6ヶ月で急激に減るのは、うまく神経回路を作れなかった細胞が死滅するためであると考えられます。これらの事から、胎児から生後半年が最も重要な時期ではないでしょうか。いくつかの事例で言いますと、視覚はより複雑な光影を見せると、神経細胞がより活発に成ります。聴覚も同じように神経細胞がより活発に成ります。

カナリアは、他のカナリアの歌を学習することによって記憶し、神経細胞は増大します。秋になると憶えた歌を忘れ、約半分の体積に縮小します。

仮説ですが、特に複雑な音楽（クラシック）と絵本の読み聴かせを同時にすることで、神経細胞が活性化して、神経回路が出来あがるのではないでしょうか。それが知能指数を上げて、絶対音感を持っていたのではないでしょうか。逆に胎児に恐怖を与えると何も反応しないのではないでしょうか。自然界で言えば、いつも天敵に狙われている状態です。

いつも安定して音楽と会話を聴いていると知恵が上がって、いつも恐怖に会っていると、脳は成熟し、体も成熟して生まれてくるのではないでしょうか。

視覚も神経回路が出来るまでが大事で、両目から入った刺激が脳に伝わります。片目だとうまく脳に伝わりません。

臭覚も神経回路が出来るまでに覚えるのではないでしょうか。例えばサケや他の魚は、生まれた所の臭いを覚えていて、大きくなって戻って来ます。また人間の母親の母乳の臭いも死ぬまで憶えているようです。

触覚も大切で、小さい時のスキンシップは体が覚えているのではないでしょうか。なるべく母乳で育てた方がいいと思います。

聴覚も複雑な音楽を聴かせる事によって、脳の神経回路が増大して、頭が丸くてきれいになるのではないでしょうか。

胎児と生まれてからの6ヶ月が特に大切で、後二年間も大切な時期に思えます。

大胆な仮説ですが、人類進化は、ジャワ原人、北京原人、アウストラロピテクスにネアンテール人にしても、食べ物が安定していて、天敵がいなくて音楽が聴ける所ではなかったかと思います。

この場合の音楽は、鳥の鳴き声で、それもいろいろな種類の鳥が沢山いたのではないでしょうか。一種の楽園です。カナリアとつばめは、歌を憶えることによって脳の神経細胞が増えます。サルが妊娠して、胎児がその音楽と親ザルの会話を同時（ジュアルタスク）に聴く事によって、脳の血流が良くなって、血管に酸素と栄養を運び、新しい神経細胞を作って、知能が上がっていたのだと考えられます。また最も大切な髄鞘化が始まり長い年月をかけ人間の原形が出来あがったのではないかと考えられます。他の場所の猿は、天敵に襲われる恐怖があった為、神経回路がうまくつながらなかったと考えられます。安全が脳の発達に良いように思えます。

母猿の妊娠中に、不安があると発育が遅れるのではないでしょうか。人間も同様に妊娠中、不安があると発育が遅れます。

そして、類人猿、猿人、原人と続き、全世界で音楽と絵画が生まれ、ジャワ原人から続く、ガムラン音楽、ネアンテール人からの西洋音楽、アウストラロピテクスから続く黒人音楽は、世界に影響を与え続けて、少しずつ進化していったのではないでしょうか。

第5章

「親が生まれてくる子に望むもの」

頭が良い子がほしい、美男美女がほしい、やさしい子、思いやりのある子がほしい、いろいろ思うのは、親が子に望むものではないでしょうか。最後は五体満足に生まれてほしいと望むのではないでしょうか。生まれた子供が「かえるの子はかえる」と思うのか、「鳶が鷹を生んだ」と思うのは、親の努力しだいではないでしょうか。

胎教から小学生ぐらいまでに、手をかけていると大きくなって、全然手が掛かりません。逆に勉強はするなと言いかけた程です。そして、集中した時は、朝から晩までやっています。大切な事は、子供に目標を持たせる事ではないでしょうか。何が好きなのか、何に成りたいのか、その為にはどうしないといけないのか、子供に考えさせる事だと思います。大学は手段であって、目的ではありません。いい大学より、何をしたいかです、それが子供の才能だと思います。子供が自分の好きな事を一生続けられたら、すごい大人になるのではないでしょうか、一つの事を何十年もやったら、その道の達人です。一つの事をコツコツと続ける事、「継続は力なり」です。そしてその子供が天才だったら凄い事になると思います。ワクワクします。そういう子供たちを育てる為に親のコツコツ続ける努力が必要ではないでしょうか。本人にも良いし、囲りにも良いし、日本にとっても良い事だと思います。これが「三方良」だと思います。また、私の経験から言いますと、奥さんが妊娠して毎日、毎日、８年間、音楽と絵本を続けると、確実な事の一つ目は、読書が好きな事。二つ目は、頭の丸いきれいな事です。他の知能とか絶対音感を持っているのかは、確実ではないと思います。やってみる価値はあると思います。御主人が忙しい方は、奥さんだけでやってもらっていいと思います。

「一生の内で最高の贈り物」

絶対音感、運動能力、数学の能力は4歳まで、言語能力は9歳まで、視覚は3ヶ月から2歳まで。臨界期までに一度も使われなかった、脳の神経細胞は、一生必要ないと判断され、臨界期を超えた時から消滅します。妊娠中、幼児期もあり、全ての子供に平等にあり、使わないともったいない能力です。

臨界期は、五感からの刺激が脳に伝わり、脳の中で神経回路が作られたり、組み変えられたりする時期だと考えられます。

臨界期は、胎児から幼児の期間に集中しています。そしてそれぞれの時期が異なり、人生の内で一回きりです。

ということは、神経細胞が死滅する前の、6ヶ月の内に、五感を同時（デュアルタスク）に刺激した方が良いと思われます。

五感を同時に刺激するおもちゃを与えていると、生まれて3ヶ月しかたってないのに、１時間ぐらいずーと遊んでいます。

まず生まれてからの６ヶ月、運動能力の臨界期、絶対音感の臨界期、視覚の臨界期、言語の臨界期に向かいます。

絵本を聴かせる事は心を豊かにし、音楽を聴かせる事は、心に栄養を与えてくれます。

胎児から幼児まで続ける事が大事です。

最も大切なのは愛情です。

運動能力の臨界期は、（0～4歳）までです。

この時期に適当な刺激を与え、脳に記憶させる事が重要だと思います。

例えば動体視力を鍛えるためには、ある有名なスポーツ選手のように、幼い時に車に乗って、前から来た車のナンバーを読みとり、瞬時に足し算したり、バッテングセンターでスピードボールを打つ練習をするとか。

小さい時には、飛ぶ虫を目で見て、体を動かして虫を取るとか。

速く動く虫、トンボ、ちょうちょとか。

特に蚊やハエを目で追いかけて、捕まえるとかたたくとか。

いろいろ遊び心でやってみてはどうでしょう。

空手の達人は、手でハエを捕まえられます。

剣の達人は、箸でハエを捕まえられます。

ここで大切なのは、ナンバーを見て足し算、虫を見て体を動かして取るというように、同時（デュアルタスク）にすることです。

絶対音感の臨界期は、（0～4歳）までです。

音楽を聴きながら歌を歌うとか、音楽を聴きながら踊るとか、デュアルタスクが大切です。

ピアノを早い時期に習わせて絶対音感を持っている子供もいます。

子供が喜ぶならピアノを習わせてみてはどうでしょうか。やってみて出来るかどうかは分かりませんが、やってみる価値はあると思います。

そしてすべての事は一長一短あります。
両親で良く考えて行動して下さい。

運動の臨界期

女子ゴルフ　M・Iゴルフを4歳から始める。
女子スケート　A・Mスケートを5歳から始める。
男子テニス　N・Kテニスを5歳から始める。親は子供が興味を持った事を徹底的にサポートする。
男子水泳　O・K水泳を生後6ヶ月から始める。幼い頃、水泳、ピアノ、英語塾など通った中で一番夢中になったのが水泳。
(私の子供も1歳ぐらいから始めたがず〜と泣いてばかりいて、興味がないのは、伸びない

男子体操　S・K
男子体操　U・K
女子レスリング　Y・S
男子平泳ぎ　K・K
男子ゴルフ　M・H
女子卓球　H・H
女子卓球　I・M
女子卓球　H・M
男子卓球　H・T
女子水泳　I・R

みたいです。大事なのは、好きな事をさせることだと思います。｝
体操を3歳から始める。「ジグソーパズル」で遊ぶ。
体操を3歳から始める。「ジグソーパズル」で遊ぶ。
レスリングを3歳から始める。
水泳を5歳から始める。
ゴルフを4歳から始める。
卓球を4歳から始める。
卓球を2歳から始める。
卓球を3歳5ヶ月から始める。
卓球を2歳から始める。
生後6ヶ月で母親の親指を握ってぶら下がり、
一歳六ヶ月の時には、鉄棒の逆上がりをこな

プロ野球　S・I

した、水泳は3歳十ヶ月から、五歳の時には、自由形、平泳ぎ、背泳ぎ、バタフライの四法全てで、五十メートルを泳げるようになる。

3歳の時初めておもちゃのバットとボールを持たせたらその日から寝るときも離さなくなった。

絶対音感の臨界期

バイオリニスト　H・T

バイオリンを4歳から

生後8ヶ月の時、クラシックの「英雄ポロネーゼ」を聞くと手足をバタバタさせて、全身で喜びを表現します。

ピアニスト　T・N

2歳3ヶ月の時、おもちゃのピアノで「ジングルベル」のメロディーを弾いていました。そして、いろいろな経験をさせていた。
将棋を5歳から始める。〔キュボロ積み木で遊ぶ。〕
〔モンテッソリー教育を受ける。米国の元大統領、ビル・Gら多数〕

将棋　F・S

運動や絶対音感や数学の能力の臨界期は4歳までですが、個人差があるように思えます。親にとって大事なのは、子供が好きな事を見つける事ではないでしょうか。

「胎幼教育」

人間の胎児の時は、遺伝が基本にあると思います。
人間の脳は未熟な状態で生まれ、他の動物は、成熟または一部未熟で生まれます。
人間の場合、産道が狭いため頭を小さくして未熟で生みます。

その上脳の神経細胞は、一生の内で最大にあります。

生んだ後に未熟な脳を成熟させ頭を大きくします。

まさに人類進化の奇跡です。

未熟な状態から成熟するまでが大事で、この間に脳に適当な刺激を与えるかどうかが大事に思えます。

この時期は、神様がくれた最高のプレゼントではないでしょうか。

そのプレゼントを生かすも、そのままにするのも、親次第ではないでしょうか。

そのままだったら、両親の遺伝のままで何も変わりません。

少しでも前進させたいと思うならば、親の努力であり、愛情ではないでしょうか。

少しでも心がやさしくなってほしい、少しでも自分より頭が良くなってほしい、音楽、絵、スポーツその他なんでも、自分より上であってほしいと思うのは、親心ではないでしょうか。

親は自分の子供を、自慢したいと思います。だれと話しても、自分の子供の自慢をすることが、最高の喜びではないでしょうか。物作りも大切ですが、人を育てることが最も大切ではないでしょうか。

自分の体験を通して、こうしたらいいのではないかと思うことを書きます。

お腹の中では、音楽と絵本の読みきかせを同時（デュアルタスク）にすることで、片方だけよりも両方する方が良いみたいです。

お腹の中での反応が違うように思えます。生まれてからの1ヶ月半は、あまり反応がないようです。目の臨界期が関係しているようです。

2ヶ月ぐらいから反応が良くなります。

3ヶ月ぐらいから物をじーと見るようになり、何でもじーと見ています。

少し大きくなっても人の顔をじーと見ています。にらむようにじーと見ています。

小学生になると、黒板をじーと見ています。

ノートはほとんどとりません。

黒板をじーと見る事によって記憶しているようです。

生まれた時から目で見た物を記憶していたようです。

2ヶ月から3ヶ月にかけて、やわらかいおもちゃを握らせます。

手を動かすとひもがついていて、上の風鈴が鳴ります。

音が鳴った方をじーと見ています。

まずやわらかいおもちゃを舐めて、味覚と臭覚を感じ、手の触覚を感じます。

次に聴覚で音を感じます。次に音の鳴る方に目をやり視覚を感じます。

自分で口で舐めて、手を動かして、音を鳴らせ、音の鳴る方を見ます。

何回も繰り返して、約1時間くらいやっています。すごい集中力です。

同時にいろいろな事をすると脳が活性化します。

こういう五感を同時に刺激を与えれば、脳が刺激され、神経回路が結ばれて、知能指数が上がったのではないかと考えられます。

天才が自分の子供に胎教と幼児教育（胎幼教育）をすれば、基本に遺伝があり、その上に知能指数を上げて、またその子供が胎幼教育を行なえば、まだまだ上がると思えます。その先が見たいです。人間もまだまだ「進化」出来るように思え、とても楽しみです。

目の臨界期があり、両目から入った情報を脳に伝えます。鼻の臨界期もあり、その時期の臭いは、一生憶えているようです。

耳の臨界期があり、この時期に適当な刺激がないと言葉がしゃべれません。

味覚も触覚も臨界期があるようです。

臨界期の時期を憶え、それぞれの時期に、脳に適当な刺激を与える事が大事です。

「宝物」

胎幼教育の間、胎児と幼児は宝物です。大きくなっても宝物です。大切に育てましょう。

胎児のときの絵本は30分ぐらい。

音楽のほうは、１時間から2時間ぐらい。

生まれてからも絵本は30分から1時間くらい。音楽のほうは1時間から2時間くらい。子供の機嫌のいい時にしましょう。無理にする必要はありません。それも毎日続けましょう。音楽と絵本同時が大事です。

胎児の時に約７ヶ月、生まれてから小学校に上がるまで続けましょう。

両親も楽しい気持ちで続ける事が大事です。物事には善悪はありません。その人がどう考えるかによって善悪が決まるのです。

子供たちには、善を教えましょう。


この本は参考文献と自分なりの経験で書いたものです。

質問がありましたら、櫂歌《とうか》書房に連絡して下さい。

〈絵本紹介〉

【0歳】

「いないいないばあ」　松谷みよ子　発行日　1967年4月
「いいおかお」　松谷みよ子　発行日　1967年4月
「きゅっきゅっきゅっ」　林明子　発行日　1986年6月
「ブルーナの0歳からの本」　ディック・ブルーナ　発行日　1997年
「もこもこモコ」　谷川俊太郎　発行日　1977年
「はらぺこあおむし」　エリックカール　発行日　1997年10月
「おてがでたよ」　林明子　発行日　1986年6月
「くつくつあるけ」　林明子　発行日　1986年10月
「がたんごとんがたんごとん」　安西水丸　発行日　1987年6月
「赤ちゃん絵本セット」　とだこうしろう　発行日　1992年
「しろくまちゃんのほっとケーキ」　わかやまけん　発行日　1972年

【1歳】

「きんぎょがにげた」　五味太郎　発行日　1982年8月
「おやすみなさいおつきさま」　マーガレットワイズ　発行日　1979年9月
「ちいさなうさこちゃん」　ディック・ブルーナ　発行日　1964年
「たまごのあかちゃん」　神沢利子　発行日　1993年10月
「うずらちゃんのかくれんぼ」　きもともも こ　発行日　1994年2月
「うさこちゃんとうみ」　ディック・ブルーナ　発行日　1964年6月
「おやすみ」　なかがわりえこ　発行日　1986年
「おつきさまこんばんは」　林明子　発行日　1986年6月
「かくしたのだあれ」　五味太郎　発行日　1977年

【2歳】

「おでかけのまえに」　筒井頼子　発行日　1981年10月
「ねないこだれだ」　せなけいこ　発行日　1969年11月
「あおくんときいろちゃん」　レオ・レオニ　発行日　1967年
「おおきなかぶ」　A・トルストイ　発行日　1966年6月
「パパ、お月さまとって」　エリックカール　発行日　1986年
「ぼくのくれよん」　長新太　発行日　1993年4月
「ずうくんのさんぽ」　なかのひろたか　発行日　1997年4月
「なにをたべてきたの？」　岸田衿子　発行日　1978年
「まっくろネリノ」　ヘグガ・ガルラ　発行日　1973年
「りんごです」　川端誠　発行日　1984年9月
「ね、ぼくのともだちになって」　エリックカール　発行日　1991年
「たろうのおでかけ」　村山桂子　発行日　1966年7月

【3歳】

「おばけのバーバパパ」　アネット・チゾン、タラス・テイラー　発行日１９７２年
「わたしのワンピース」　西巻茅子　発行日１９６９年
「ともだちや」　内田麟太郎　発行日１９８８年
「どうぞのいす」　香山美子　発行日１９８１年
「どろんこハリー」　ジーン・ジオン　発行日１９６４年
「ぐるりんぱのようちえん」　西内ミナミ　発行日１９８６年
「そらまめくんのベッド」　なかやみわ　発行日１９９９年
「１４ひきのあさごはん」　いわむらかずお　発行日１９８３年
「だるまちゃんとてんぐちゃん」　加古里子　発行日１９６７年
「てぶくろ」　ウクライナ民話　発行日１９６５年
「ぐりとぐら」　中川李枝子　発行日１９６７年
「三びきのやぎのがらがらどん」　ノルウェーの昔話　発行日１９６５年

「そらいろのたね」　中川李枝子　発行日　１９６７年
「三びきのこぶた」　イギリス民話　発行日　１９６９年
「おばけのてんぷら」　せなけいこ　発行日　１９７６年

【4歳】

「はじめてのおつかい」　筒井頼子　発行日　１９７７年
「めっきらもっきらどおんどん」　長谷川摂子　発行日　１９９０年
「こんとあき」　林明子　発行日　１９８９年
「くまのコールテン」　ドン・フリーマン　発行日　１９７５年
「どんなにきみがすきだかあててごらん」　サム・マクブラットニ　発行日　１９９５年
「ももたろう」　松居直　発行日　１９６５年
「すてきな三にんぐみ」　トミー・アングラー　発行日　１９６９年
「おおきなおおきなおいも」　市村久子　発行日　１９７２年

「ねこざかな」　わたなべゆういち　発行日　1972年
「ジオジオのかんむり」　岸田衿子　発行日　1978年
「えんそくバス」　中川ひろたか　発行日　1998年
「まあちゃんのながいかみ」　たかどのほうこ　発行日　1995年
「よかったねネッドくん」　トミーシャーリップ　発行日　1997年

【5歳】

「スイミーちいさなかしこいさかなのはなし」　レオ・レオニ　発行日　1986年
「木はいいなあ」　ジャニス・メイ・ユードリー　発行日　1976年
「もちもちの木」　斉藤隆介　発行日　1971年
「とべバッタ」　田島征三　発行日　1971年
「にじいろのさかな」　マーカス・フィスター　発行日　1995年
「おおきな木がほしい」　佐藤さとる　発行日　1971年

「フレデリック」　レオ・レオニ　発行日　１９６９年
「ぼちぼちいこか」　マイク・セイラー　発行日　１９８０年
「きょうはなんのひ？」　瀬田貞二　発行日　１９７９年
「わにさんどきっはいしゃさんどきっ」　五味太郎　発行日　１９８４年
「おしいれのぼうけん」　ふるたたるひ、たばたせいいちろう　発行日　１９７４年
「11ぴきのねことあほうどり」　馬場のぼる　発行日　１９７２年
「しろいうさぎとくろいうさぎ」　ガース・ウイリアムズ　発行日　１９６５年
「ダンプえんちょうやっつけた」　ふるたたるひ、たばたせいいちろう　発行日　１９７８年
「いたずらきかんしゃちゅうちゅう」　バージニア・リバートン　発行日　１９６１年
「はなさきやま」　斉藤隆介　発行日　１９６９年
「どろんここぶた」　アーノルド・ローベル　発行日　１９７１年
「みどりいろのたね」　たかどのほうこ　発行日　１９８８年
「ウオーリーをさがせ」　シリーズ

「アンパンマン」シリーズ
「たこやきまんとまん」シリーズ
紙芝居
「おおきくおおきくおおきくなあれ」まついのりこ　発行日　１９８３年
「みんなでぽん」　まついのりこ　発行日　１９８７年
「人魚ひめ」　岩崎ちひろ　発行日　１９７６年
「あひるのおおさま」　堀尾貴史　発行日　１９７０年
日本昔話　「桃太郎」・「金太郎」・「ものぐさ太郎」・「かぐや姫」・「鉢担ぎ姫」
「一寸法師」・「力太郎」・「鶴の恩返し」「浦島太郎」・「因幡の白兎」
「こぶ取り爺さん」・「カチカチ山」・「一休さん」・「雪女」
「文福茶釜」・「花咲爺さん「下きり雀」「猿蟹合戦」・「笠地蔵」
「おむすびころりん」

海外昔話

「ジャックと豆の木」・「ウサギと亀」・「おおきなかぶ」・「赤ずきん」
「シンデレラ」・「眠り姫」・「長靴をはいたねこ」・「ラプンツェル」
「ヘンゼルとグレーテル」・「ピノキオの冒険」・「三匹のこぶた」
「ブレーメン音楽隊」・「赤い靴」・「アリとキリギリス」・「北風と太陽」
「金の斧」・「裸の王様」・「雪の女王」・「みにくいあひるの子」
「親指姫」・「人魚姫」

絵本の選び方は、発行日が古くて、長く読まれている本がいいと思います、参考にして下さい。

まず、図書館で借りてきて、子供が喜ぶ本を探し、その後に購入した方がいいと思います。子供が気に入った本は、いつも読んで読んでと言います。何年も続けていると、大きくなって本好きになっていると思います。

〈胎児の成長、脳の発達に〉

【モーツァルト】

1、アイネ・クライネ・ナハトムジーク（ト長調）K525第一楽章
2、ディヴェルティメント第17番ニ長調第3楽章　メヌエット
3、交響曲」第40番ト短調K・550第三楽章　メヌエット
4、頭の良くなる：ウイーンのソナチネ第一番　第4楽章
5、ロンド　ニ長調　k485
6、ピアノソナタ第8番　第一楽章　k・310
7、ピアノソナタ第8番　第二楽章　k・310
8、ピアノソナタ第8番　第三楽章　k・310
9、葬送行進曲　k・453
10、メヌエット　ニ長調　k・355
11、ピアノソナタ第9番　第一楽章　k・311

12、ピアノソナタ第9番　第二楽章　k・311
13、ピアノソナタ第9番　第三楽章　k・311
14、ピアノソナタ第15番　第一楽章　k・545
15、ピアノソナタ第15番　第二楽章　k・545
16、ピアノソナタ第15番　第三楽章　k・545
17、ピアノソナタ第11番　第一楽章　k・331
18、ピアノソナタ第11番　第二楽章　k・331
19、ピアノソナタ第11番　第三楽章　k・331　「トルコ行進曲」
20、2台のピアノのためのソナタ第一楽章ニ長調　k・448　特にいい
21、アレグロ・ト短調　k・312
22、幻想曲　ニ短調　k・397
23、きらきら星　変奏曲　k・265
24、アダージョ　ロ短調　k・540

25、アイネ・クライネ・ナハトムジークMOVT1
26、アイネ・クライネ・ナハトムジークMOVT2
27、アイネ・クライネ・ナハトムジークMOVT3
28、アイネ・クライネ・ナハトムジークMOVT4
29、ピアノ協奏曲第23番　イ長調　第二楽章
30、フィガロの結婚

【ショパン】

31、ノクターン第2番　変ホ長調
32、子守唄　変ニ長調
33、ワルツ作品「別れのワルツ」
34、ワルツ10番　作品69・2
35、エチュード　ホ調長「別れの曲」
36、幻想即興曲　ハ短調

37、革命のエチュード
38、英雄ボロネーズ
39、バラード1番
40、子犬のワルツ

【シューベルト】

41、子守唄
42、アヴェマリア
43、ピアノ・ソナタ　第16番イ短調
44、即興曲作品142・2

【JSバッハ】

45、ブランデンブルク協奏曲　第三番　ト長調　第一楽章
46、ブランデンブルク協奏曲　第五番　ニ長調　第一楽章
47、ブランデンブルク協奏曲　第五番　ニ長調　第三楽章

48、G線上のアリア
49、カンタータ第147番「主よ、人の望みの喜びよ」
50、メヌエット
51、第一巻　第一曲プレリュード　ハ長調

【ベートーベン】

52、悲愴　第二楽章
53、交響曲第9番合唱　第四楽章
54、交響曲第5番　ハ短調「運命」
55、月光　第一楽章
56、エリーゼのために

【メンデルスゾーン】

57、春の歌
58、ヴァイオリン協奏曲　第五番

59、歌の翼に6つの歌曲
60、無言歌集より第6巻「子守歌」
【ドヴュッシー】
61、ベルガマスク組曲
62、アラベスク第一番
63、夢
64、亜麻色の髪の乙女
65、ベルガマスク組曲第三曲「月の光」
【パッヘルベル】
66、カノン　ニ長調
【サティ】
67、ジムノベディ　NO1「ピアノ版」
68、子守歌

69、あなたが欲しい

【チャイコフスキー】

70、弦楽セレナーデ　第三楽章　エレジー

【ヴィヴァルディ】

71、ヴァイオリン協奏曲集「四季」

【ブラームス】

72、ハンガリー舞曲　第5番

73、間奏曲OP・118ー2

74、子守歌

【ドボルザーク】

75、ユーモレスク7番

76、交響曲第9番　ホ短調「新世界」

77、スラブ舞曲10番

【リスト】

78、ラカンパネラ

79、愛の夢

80、ため息

【フォスター】

81、なつかしきケンタッキーの我が家

82、夢路より

【フォーレ】

83、組曲「ドリー」から第一曲　子守歌

84、無言歌

【ヘンデル】

85、サラバンド

86、調子のよい鍛冶屋

【クライスラー】

87、ラフマニノフ「愛の悲しみ」

【ワーグナー】

88、ワルキューレの騎行

【グノー】

89、アヴェマリア

【シューマン】

90、トロイメライ

91、リスト献呈

【ラフマニノフ】

92、ヴォカリーズ

93、バガニーの主題による狂詩曲第１８変奏

【アメイジング】

94、グレイス
【フリース】
95、モーツァルトの子守歌
【シューマン】
96、トロイメライ
【クリーク】
97、アリエッタ
【マスネ】
98、タイスの瞑想曲
【エルガー】
99、愛のあいさつ
【スーザ】
100、星条旗よ永遠なれ

【ヨハン・シュトラウス一世】
101、ラデッキー行進曲
【エルガー】
102、愛の挨拶
【ベール・ギュント】
103、朝の気分
【ジョブリン】
104、ジ・エンターテナー

日本の童謡もいいと思います。参考にして下さい。

わが子に胎教
ISBN 978-4-434-24598-5 C0037

発行日 2018年4月1日 初版 第1刷
著 者 もとさか まりょう
発行者 東 保司

発 行 所
櫂歌書房
〒811-1365 福岡市南区皿山4丁目14- 2
TEL 092-511-8111 FAX 092-511-6641
E-mail:e@touka.com http://www.touka.com

発売所 株式会社 星雲社
〒112-0005 東京都文京区水道1-3-30